Lesenlernen in 3 Schritten

Die schönsten Dinogeschichten

LIEBE ELTERN,

dieses Buch hilft Ihrem Kind dabei, die Freude am Lesen zu entdecken, und zwar mit spannenden und lustigen Geschichten in drei unterschiedlichen Leseniveaus. Mit jeder Geschichte steigert sich der Schwierigkeitsgrad und passt sich so dem wachsenden Lesevermögen Ihres Kindes an. Dadurch kann Ihr Kind verschiedene Geschichten zu einem interessanten Thema lesen und sich dabei in seinem eigenen Tempo steigern. Das sorgt für motivierende Erfolgserlebnisse und lang anhaltende Lesefreude!

Schritt für Schritt zum Leseprofi!

Inhalt

BILD FÜR BILD
LESEN LERNEN

Liebe Eltern,

diese Geschichten mit einfachen Sätzen sowie großer und leicht lesbarer Schrift richten sich an Leseanfänger*innen. Hauptwörter werden durch kleine Bilder ersetzt. Lesen Sie die Geschichten vor und lassen Sie Ihr Kind die Bilder selbst benennen. Am Ende finden Sie eine Wörterliste mit den einzelnen Bedeutungen. Viele bunte Illustrationen sorgen außerdem für Lesepausen und helfen, die Geschichte zu verstehen.

So wird das Lesenlernen zu einem echten Vergnügen!

Franziska Gehm

Nur Mut, kleiner Dino!

Illustriert von Alexander Bux

Der große Ausflug

Der kleine tritt ungeduldig von

einem aufs andere. „Lauf immer

dicht hinter mir bei meinem ",

sagt Mama . Der kleine

nickt. „Trödle nicht", sagt Mama .

Der kleine schüttelt den .

„Und verzapf keinen ",

sagt Mama .

Der kleine  blinzelt Mama

unschuldig an. Mama  streicht

ihm mit der  über den

langen  . Dann dreht sie sich

um und geht los.

Der kleine  bleibt dicht bei

ihrem . Plötzlich kitzelt ihn etwas.

Es ist ein . Der kleine

bleibt stehen. Er macht das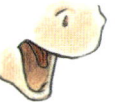

weit auf und – *Schnapp!* – ist

der  weg.

Der kleine  zermalmt ihn mit

den . Lecker! Am liebsten

würde er einen ganzen

von fressen. Er blickt sich

um. Er sieht einen .

Aus dem  steigen kleine .

Um den kreisen . Sie

haben spitze und scharfe .

„Gut, dass sie weit weg sind",

denkt der kleine .

Auf einmal landet etwas auf

seiner  . Der kleine  schielt

auf seine  . Dort sitzt eine  .

Sie hat große durchsichtige 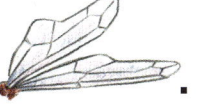 .

Ihre 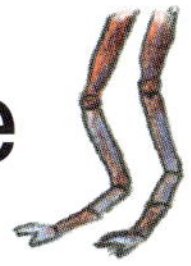  kitzeln den kleinen  .

Er versucht, die  mit der

zu fangen. Die 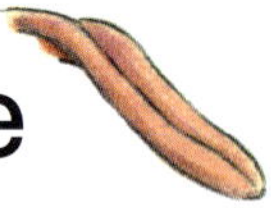 ist zu kurz.

Die 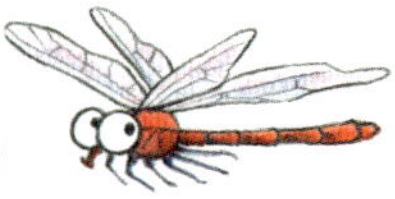 fliegt weg. Der kleine

rennt ihr hinterher.

Eine wilde Jagd

Die  schießt davon wie

der ⚡ . Sie fliegt zwischen 🌲🌳

hindurch. *Zick! Zack!*

Der kleine 🦕 läuft um die 🌲🌳

herum. Er rennt über 🪨 , 🌿

und durch 💧 . Die 🦟 ist

schnell. Aber nicht sehr klug.

Sie setzt sich auf einen 🪵 .

Sie spreizt die  und hält sie

in die . Der kleine  rennt

mit einem  auf den  zu.

Er streckt die  heraus. Seine

blitzen. Gleich hat er die  !

Doch plötzlich – *PARDAUZ* –

stolpert er über einen . Er fliegt

einen großen  . „Ahhh!", schreit

der kleine 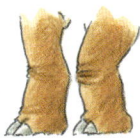. Er strampelt mit

den  und reißt die auf.

Mit der  voran landet er auf

einem  . *Knirsch!* Die

macht schnell die  .

Der kleine  seufzt. Er schielt

nach oben. Bestimmt lachen ihn

die  aus.

Doch was ist das? Der  ist

ganz grau und dunkel! Die  sind

verschwunden. Alles ist verschwunden!

Es gibt keine  , keinen  und

keine  .

Dem kleinen  werden die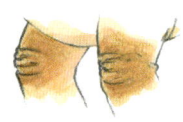

weich. Er klettert vom  und

sieht sich um. Er steht in einem  .

Um ihn herum sind lauter

dicke  . Von der 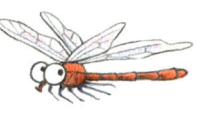 ist weit

und breit nichts mehr zu sehen.

Der kleine  ist allein. Plötzlich

bewegt sich etwas im  . Es

ist groß und dunkel. Der kleine

zuckt zusammen. Was, wenn es ein

gefährlicher  ist?

Seine  klappern. Seine 👁 👁

huschen hin und her. „Mama!",

ruft der kleine 🦕 . Er dreht sich

im ⭕ . Er sucht den 〰 von

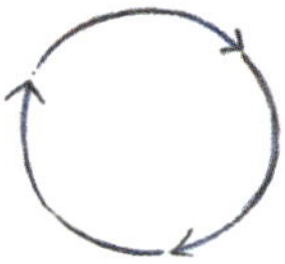

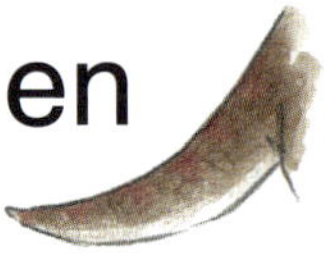

seiner Mama. Doch der ist weg.

Allein im Wald

Der kleine steht ganz

allein zwischen all den .

Er ist steif wie ein .

Nur sein rast.

In seinem kribbelt es.

In seinem zwickt es,

als wäre er voller . Plötzlich

hört er etwas. Es raschelt im !

Ein 🪵 knackt, 🪨 rollen.

Der kleine 🦕 bekommt eine 🦆.

Er stürmt 🦕 über 🦕 hinter

einen 🪵 und versteckt sich.

Als alles ruhig ist, guckt er sehr

vorsichtig hinter dem  hervor.

Zwischen den ist kein

gefährlicher . Nur eine

harmlose . Sie knabbert

an einem saftigen .

Der kleine  atmet auf. Er lehnt

sich mit dem ⬛ an den ⬛ .

Seine ⬛ schlackern noch leicht.

Doch potz ⚡! Der ⬛ bewegt

sich!

Dem kleinen  rutscht das

in den 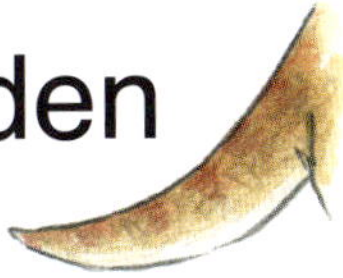  . Wie von der

gestochen springt er auf. Erst jetzt

sieht er, dass der  kräftige

hat. Das ist gar kein   !

Das ist ein riesengroßer  !

Der kleine  taumelt rückwärts.

„Hilfe!", ruft er. „Ich habe

verzapft!" Auf einmal stupst ihn

jemand am  .

Der kleine  fährt herum. Er sieht

direkt in die 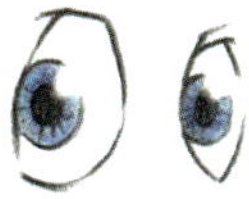   von Mama  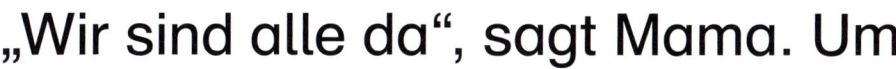 !

„Wir sind alle da", sagt Mama. Um

sie herum sind viele . Ihre

sind groß und stark wie .

Dem kleinen  fällt ein

vom  . Er ist nicht allein im ,

sondern unter lauter riesigen .

Er schleckt seiner Mama mit der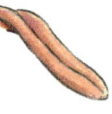

übers . Sie lacht.

Der kleine 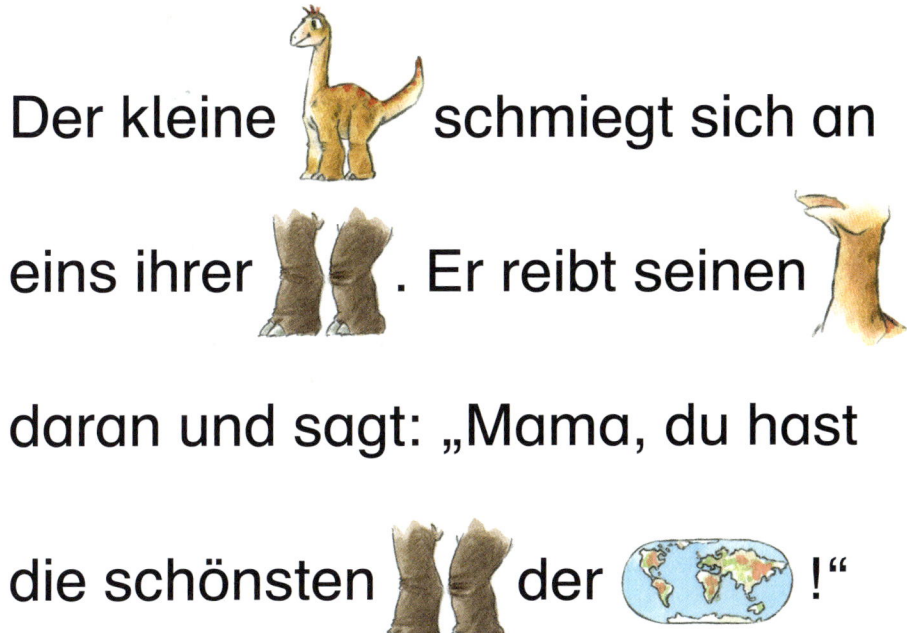 schmiegt sich an

eins ihrer ▮▮ . Er reibt seinen ▮

daran und sagt: „Mama, du hast

die schönsten ▮▮ der 🌍 !"

Die Wörter zu den Bildern:

Dino

Bein

Schwanz

Kopf

Mist

Schnauze

Hals

Farn

Maul

Zähne

Berg

Vulkan

Krater

Rauchwolken

Flugsaurier

Krallen

Nase

Nasenspitze

 Libelle

 Affenzahn

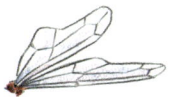 Flügel

 Ast

 Zunge

 Bogen

 Blitz

 Augen

 Bäume

 Erdhügel

 Steine

 Fliege

 Gräser

 Himmel

 Pfützen

 Mond

 Baumstamm

 Sterne

 Sonne

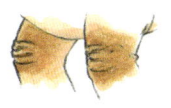 Knie

 Wald

 Gänsehaut

 Tyrannosaurus Rex

 Schild-kröte

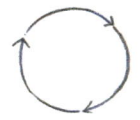 Kreis

 Blatt

 Felsen

 Rücken

 Herz

 Tarantel

 Bauch

 Fuß

 Ameisen

 Gesicht

 Gebüsch

 Welt

ZUSAMMEN MACHT
DAS LESEN SPASS

Liebe Eltern,

in diesen Geschichten schlüpfen Leseanfänger*innen in die Rolle einer sympathischen Figur und lesen kurze, einfache Textpassagen, während die Erwachsenen die längeren Abschnitte der Geschichte übernehmen. So erleben die Kinder Seite für Seite neue Abenteuer und tauchen in die Welt der Bücher ein.

Gemeinsam geht eben vieles leichter, auch das Lesen!

Annette Moser

Dinosauriergeschichten

Illustriert von Helmut Poul Dohle

Per Achterbahn in den Jura

Sven und Fabi stellten sich schon zum dritten Mal in die Schlange vor der Achterbahn. Sie war die tollste Attraktion im Dino-Park, fanden die Jungs. Sie raste durch Höhlen und Felsenlandschaften, Vulkane brachen aus und grölende Dinosaurier fletschten ihre Zähne. Keine echten natürlich. Nur welche aus Kunststoff.

„Am besten ist der Allosaurus", sagte Fabi. Sven stimmte seinem Kumpel zu. „Ja, das Plastik-Vieh kann einem echt Angst machen!"

Die beiden sprangen in einen Wagen, der aussah wie aus lauter Dinosaurier-Knochen zusammengesetzt, und ab ging es durch das Gebiss eines T-Rex in die Welt der Urzeitgiganten.
Zunächst führten die Schienen durch eine Landschaft mit Nadelwäldern, Ginkgobäumen und den ersten kleinen Dinos.

„Oh, die ist ja cool",

bemerkte Sven und deutete

auf eine kleine Echse.

Aber im nächsten Augenblick machte die Echse einen Satz, zeigte eine Reihe spitzer Zähne und verfehlte nur um wenige Zentimeter den Wagen der Freunde. Beide zuckten vor Schreck zusammen.

„Ha, auf den Giftzwerg

fallen wir jedes Mal herein!",

rief Fabi lachend.

Der Wagen beschleunigte und Sven und Fabi hörten die Leute vor sich kreischen. Die Jungs wussten, was jetzt kam. Auch sie rasten auf eine tiefe Schlucht zu, die sie im freien Fall ins nächste Zeitalter der Dinosaurier bringen würde – in den Jura. Beide krallten sich an der Haltestange des Wagens fest. Doch plötzlich knirschte es unter ihnen. Der Wagen raste immer weiter und die Jungs wurden heftig in ihren Sitzen durchgeschüttelt.

"Hilfe, wir entgleisen!",

schrie Sven

panisch.

Die Jungs glaubten schon, der Wagen würde jeden Augenblick aus den Schienen springen und die Schlucht hinabstürzen, da bremste er auf einmal ab und machte kurz vorm Abgrund eine scharfe Wendung. Er holperte unsanft ein paar Meter weiter, dann wurde er langsamer und glitt fast geräuschlos durch einen engen Felsspalt in einen finsteren Tunnel.

„Echt krass!"
Fabi japste.
„Ich dachte
schon,
wir sind
erledigt."

Die Freunde konnten nichts erkennen. Sie waren schon oft mit der Dino-Achterbahn gefahren. Aber noch nie hatte ihr Wagen kurz vor der Schlucht einen Haken geschlagen und war in diesen Tunnel abgebogen. Hier gab es doch gar nichts zu sehen und außerdem war es schrecklich stickig und heiß.

„Wieso ist es so still?",
fragte Fabi unbehaglich.

Sven fischte seinen Schlüsselbund aus der Jackentasche hervor. Daran hing eine kleine Taschenlampe, mit der er nun in die Dunkelheit leuchtete.

„Sieht so aus, als wären wir
die Einzigen hier",
antwortete er.

Die Jungs lauschten angestrengt. Auf einmal hörten sie ein leises Summen und Gurgeln. Und ein Geräusch, das sich anhörte wie tropfende Wasserhähne. Fahles Licht drang zu ihnen, das so schnell heller wurde, dass sie ihre Augen fest zukneifen mussten.

Der Wagen verlangsamte sich und hielt. Die Freunde stiegen aus und traten blinzelnd aus einer Felsöffnung. Die Luft schien zu flirren und es war schwül wie in einem Gewächshaus.

„Vorsicht!",

schrie Fabi

und riss Sven nach unten.

Drei riesige Flugsaurier fegten mit schrillem Gekreische über die Köpfe der Jungs hinweg. Erschrocken richteten sich die Freunde wieder auf.

„Wow, die sahen aber
ganz schön echt aus",
murmelte Sven.

Staunend blickten sich die Jungs um. Nicht nur die Geräusche und das Klima erinnerten an einen Tropenwald, auch die Pflanzen wirkten exotisch. Mammutbäume ragten in den Himmel und dicke Schling-pflanzen wanden sich an den Stämmen empor. Farne und Palmen-gewächse wucherten am Ufer eines breiten Gewässers. Ein Rascheln ließ die zwei zusammenzucken.

„Hast du schon mal
einen Plastik-Dino gesehen,
der Blätter frisst?",
flüsterte Fabi atemlos.

Er und Sven starrten an dem riesigen Dinosaurier empor, der sich an den hohen Baumkronen bediente. Beide erkannten sofort, dass es sich um einen Brachiosaurus handelte, den größten Pflanzenfresser der Jurazeit. Plötzlich hörte der Riese auf zu malmen. Dafür ertönte ein tiefes trompetenähnliches Geräusch, gefolgt von einem lauten *Platsch*! Der Brachiosaurus hatte tatsächlich sein großes Geschäft verrichtet.

„Uh! Dieser Haufen

riecht auch nicht gerade

nach Plastik", würgte Sven hervor.

Eine Weile beobachteten die Freunde schweigend das zwanzig Meter große Geschöpf vor ihnen. Beide dachten das Gleiche: Auch wenn es eigentlich unmöglich war und jedes Kind wusste, dass die letzten Dinos vor 65 Millionen Jahren ausgestorben waren – dies alles hier wirkte viel zu echt für einen normalen Vergnügungspark.

„Fabi", sagte Sven mit heiserer Stimme.

„Sollen wir ihn mal anfassen?"

Fabi wischte sich über die schweißnasse Stirn. Dann nickte er. Beide Jungs bewegten sich langsam auf den Riesen zu. Doch gerade, als sie ihre Hände nach ihm ausstrecken wollten, machte der Dinosaurier eine Bewegung rückwärts und sprang davon. Sven und Fabi erschraken so sehr, dass sie einen Satz zurück machten und gegen etwas Hartes prallten.

„Der Kleine hatte wohl

Angst vor uns", witzelte Fabi.

Im selben Moment grollte es so laut, als würde sich ein Gewitter über den beiden zusammenbrauen. Sven und Fabi fuhren herum – und starrten in zwei große gelbe Augen, die in tiefen, schuppigen Höhlen lagen.

„Jetzt wissen wir,
warum unser Freund
abgehauen ist!",
krächzte Sven.

Vor ihnen war er: der gefährlichste Fleischfresser des Jura – der Allosaurus. Er stand direkt vor der Öffnung des Felsentunnels.

„Vielleicht haben wir ja Glück
und der Typ ist wirklich bloß
aus Plastik", presste Fabi hervor.

Er hatte die Worte kaum ausgesprochen, da stellte sich das Ungetüm mit einem wütenden Brüllen auf die Hinterbeine und sah nun gar nicht mehr nach Plastik aus. Sein aufgerissenes Maul zeigte zwei Reihen scharfer Hauer, an denen Speichel hinuntertriefte.

„Ich glaube, Plastik-Dinos sabbern

nicht so viel! Los, lauf!", schrie Sven.

Das ließ sich Fabi nicht zweimal sagen.
Die Freunde machten auf dem Absatz kehrt und stürmten in die
Richtung, in die auch der Brachiosaurus geflüchtet war: hinein in
einen Urwald aus Mammutbäumen. Farne peitschten ihnen ins
Gesicht. Hinter ihnen hörten sie die donnernden Schritte des Al-
losaurus. Das gigantische Tier kam immer näher!

„Wir müssen ihn irgendwie

abhängen!", rief Sven.

Sven merkte, dass sein Freund nicht mehr neben ihm war.

„Fabi? Fabi!!!"

Während er weiterrannte, blickte er über seine Schulter. Auch der Allosaurus war verschwunden. Sven stoppte und sah sich um.
Nichts als Dickicht.

„Sven, Hilfe, hier bin ich!",

hörte er plötzlich

Fabis Stimme.

Sven stürmte ein paar Meter zurück. Jetzt entdeckte er seinen Freund:
Er lag auf dem Boden. Seine Füße hatten sich in einer Schlingpflanze
verfangen. Ein Stück entfernt lauerte der Allosaurus und starrte sein
Opfer an. Er knurrte wie ein Löwe kurz vor dem Absprung.

„He, du popelige Eidechse!"
Sven wedelte
wie wild
mit den Armen.

Der Allosaurus wandte den Kopf zu Sven, der weiter-
winkte, um das Ungetüm abzulenken. Der Dinosaurier schnaubte ein paarmal wütend, dann
raste er brüllend auf Sven zu. Dieser hob je-
doch schnell einen spitzen Stein auf. Als der
Allosaurus sein Maul aufriss, warf Sven
ihn so fest er konnte hinein und machte
einen Sprung zur Seite.

„Hier, friss das,

du Stinktier!",

rief er mutig.

Dann stürzte Sven zu Fabi
und half ihm, sich aus der
Schlinge zu befreien. Beide Jungs
wussten, dass sich der Dinosaurier
schnell von dem Schock erholen und erneut angreifen würde. Doch
da machte es einen dumpfen Schlag. Sie schnellten herum und sahen
den Körper des Allosaurus regungslos am Boden liegen.

„Guter Treffer, Kumpel!",

murmelte Fabi

und seufzte erleichtert.

„Besten Dank", hörten die Jungs eine fremde Stimme antworten.
Hinter einem Busch trat ein Mann mit wirrem Haar in einem weißen
Kittel hervor. „Tut mir leid, dass ihr beide hier hineingeraten seid",

sagte er freundlich. „Einer der Computer ist abgestürzt und das führte wohl zu einer Fehlschaltung der Weichen. Ich bin übrigens Professor Steinbeißer."

„Aha", sagten Fabi und Sven

wie aus einem Mund.

Professor Steinbeißer winkte ab. „Es ist besser, ich erkläre euch alles bei einer Tasse heißem Tee. Den könnt ihr nach dem Schock sicherlich gebrauchen, oder?"

„Heiß ist uns auch so.

Aber eine kalte Limo wäre gut",

bemerkte Sven.

Der Mann gab den Jungs ein Zeichen, ihm zu folgen. Vor dem niedergestreckten Allosaurus blieb er stehen und bückte sich, um dem Ungetüm auf den Rücken zu klopfen und ihm einen Pfeil aus den

Rippen zu ziehen. „Bist in zehn Minuten wieder fit, mein kleiner Hektor", murmelte er. Dann führte er die sprachlosen Jungs zurück bis zur Felsöffnung. Dort stand nun ein zweiter Wagen. In diesen setzten sich die drei und ab ging es in die Dunkelheit.

„Wieso halten wir denn hier?", fragte Fabi kurz darauf verwundert.

Professor Steinbeißer stieg aus und sperrte eine Tür in der Tunnelwand auf. Die Jungs folgten ihm zögernd. „Das hier ist mein Labor", erklärte der Mann mit einer stolzen Handbewegung. Die Freunde traten ein und sahen sich staunend um. Auf einem langen Tisch standen Reagenzgläser, in denen farbige Flüssigkeiten brodelten. Eier in unterschiedlichsten Größen lagen in rot bestrahlten Glaskästen. Auf einem riesigen Computerbildschirm war eine Urwaldlandschaft zu sehen.

„He, das ist doch

der Allosaurus von eben!",

rief Sven aufgeregt

und deutete auf den Bildschirm.

„Er steht gerade wieder auf!"

Professor Steinbeißer holte zwei Flaschen Limonade aus einem Kühl-schrank und reichte sie den Jungs. „Oh, gut, er hat sich erholt", sagte er zufrieden. „Übrigens, sein Name ist Hektor."

„Ist Hektor nun echt

oder nicht?", fragte Fabi.

„Er ist echt", antwortete der Professor. „Genau wie alles andere, was ihr gesehen habt. Ich interessiere mich seit meiner Kindheit für Dinosaurier. Aus diesem Grund habe ich den Vergnügungspark errichtet. Aber irgendwann waren mir Plastik-Dinos zu langweilig. Ich habe jahrelang geforscht, bis es mir endlich gelungen ist, echte Dinosaurier zu züchten."

„Wahnsinn!", murmelte Fabi.

„Also sind das lauter Dino-Eier?",

fragte Sven ungläubig.

Professor Steinbeißer nickte. „Das hier wird zum Beispiel mein erster kleiner Tyrannosaurus Rex. Ich bin nämlich gerade dabei, die Dinosaurier der Kreidezeit zu züchten. Wisst ihr, in welcher Zeit ihr eben gelandet seid?"

„Klar, im Jura", antwortete Fabi.

„Aber warum waren wir denn

die einzigen Besucher dort?"

Der Professor lachte. „Nun, ich glaube nicht, dass alle Kinder scharf darauf sind, mit einem Allosaurus Fangen zu spielen", sagte er. „Ich bin nur froh, dass ich euch auf meinem Bildschirm entdeckt habe und rechtzeitig den Betäubungspfeil auf Hektor abfeuern konnte. Wer weiß, was sonst passiert wäre? Die Menschheit ist noch nicht bereit, auf eine echte Dino-Welt losgelassen zu werden. Das braucht Zeit. Ihr beiden seid die Einzigen, die mein Geheimnis kennen. Und ihr müsst mir versprechen, es für euch zu behalten."

„Ehrenwort!", versprach Sven.

„Wir schwören es", ergänzte Fabi.

„Hm, ich glaube, ich kann euch beiden vertrauen", sagte der Professor. „Und ehrlich gesagt, ist es gar nicht mal so schlecht, wenn ich zukünftig ein paar Assistenten habe, die mir bei meinen Forschungen helfen können. Was ist, habt ihr Lust?"

„Und ob!", riefen Sven
und Fabi begeistert.

Die Freunde durften noch ein bisschen bleiben. Dann setzte der Professor sie in den Wagen, der sie zurück auf die Schienen des Vergnügungsparks brachte. Kurz darauf stürzten Sven und Fabi johlend die bekannte Schlucht hinab ins künstliche Jurazeitalter. Am Ausgang wartete der brüllende Plastik-Allosaurus.

„Tschüss, du Witzfälschung!"
Sven winkte dem Dino zu.
Und Fabi schrie:
„Pass bloß auf, dass dich
Hektor nicht erwischt!
Der macht
nämlich sofort
Konfetti aus dir!"

# Das Dino-Skelett

Franziska ist vor zwei Wochen mit ihren Eltern und ihrem Bruder Lukas in ein kleines Dorf in den Bergen gezogen. Lukas hat sofort neue Freunde gefunden, aber Franziska gehört noch nirgends richtig dazu.

„Kann ich bei eurer Bande

mitmachen?", fragt Franziska

ihren Bruder beim Frühstück.

Lukas schüttelt den Kopf. „Nein, Mädchen können wir nicht brauchen", sagt er. „Die haben ja ständig Angst und kreischen gleich los, wenn sie mal eine Spinne sehen oder sich schmutzig machen."

Franziska findet das gemein. Sie hat nämlich gar keine Angst vor Spinnen, und es macht ihr auch nichts aus, wenn sie schmutzig wird. Lukas weiß das eigentlich ganz genau.

"Hast du vielleicht Lust,

Schatzsucher zu spielen?",

fragt Franziska später

Nelli aus ihrer Klasse.

"Hört sich lustig an", sagt Nelli und lächelt Franziska an. "Aber ich bin heute schon bei Lissi eingeladen. Wir spielen Filmstars. Vielleicht ein andermal."
Traurig läuft Franziska nach Hause. Da sieht sie zwei Wohnmobile auf dem großen Wanderparkplatz neben ihrem Haus halten. Fünf Leute steigen aus, zwei Frauen und drei Männer. Alle haben Stöcke, Seile, seltsame Haken und Rucksäcke dabei. Am nächsten Morgen sieht Franziska ein Foto von ihnen in der Zeitung.

„Die Leute kenne ich ja!", ruft sie.

„Die parken gleich nebenan."

Papa nickt. „Das ist ein Forscherteam", erklärt er. „Sie sind auf der Suche nach Dinosaurier-Skeletten."
Franziska wird ganz aufgeregt. Sie will später nämlich auch mal Forscherin werden und viele tolle Sachen entdecken. Dinosaurier findet sie besonders interessant.
Als sie diesen Vormittag in der Schule sitzt, kann Franziska an nichts anderes denken als an das Forscherteam. Zu Hause kommt ihr plötzlich eine Idee.

„Ich gehe noch mal kurz

mit Arno spazieren", sagt sie

am Nachmittag zu Mama.

Arno ist Franziskas Hund. Als die beiden am Parkplatz vorbeikommen, sieht Franziska in einem der Wohnmobile Licht brennen. Kurz überlegt sie, doch wieder umzukehren, aber dann fasst sie sich ein Herz und klopft. „Nanu, wer bist denn du?" Eine Frau steckt den Kopf aus der Tür und lächelt Franziska freundlich an.

„Ich wollte nur mal fragen,

ob ihr schon Dino-Knochen

gefunden habt",

sagt Franziska.

Sie ist froh, dass Arno bei ihr ist. Mit ihm fühlt sie sich immer ein
bisschen stärker und mutiger.
Die Frau lacht. „Nein, leider noch nicht", antwortet sie. „Aber vielleicht haben wir ja morgen mehr Glück."

Franziska

holt ganz

tief Luft.

„Kann ich

vielleicht

mitkommen?",

fragt sie dann.

Die Frau schüttelt den
Kopf. „Tut mir leid,
aber das ist zu ge-
fährlich. Wir klet-
tern in Felsspalten
und Schluchten. Da-
für braucht man eine

ganz spezielle Ausrüstung und man muss lange trainiert haben."
Franziska ist enttäuscht. Sie wäre so gern mit auf eine echte Expedition gegangen.

„Schade", murmelt sie.

„Dann viel Glück morgen!"

Am nächsten Tag ist keine Schule, und Franziska und Arno rennen nach dem Frühstück sofort nach draußen, um selbst Forscherteam zu spielen. Plötzlich sieht Franziska etwas Silbernes am Wegrand liegen.

„Eine Taschenlampe",

sagt sie zu Arno.

„Die gehört bestimmt

den Dino-Forschern."

Franziska soll eigentlich nicht zu weit in die Berge laufen. Aber sie will ja auch nur mal kurz um die nächste Kurve gucken. Vielleicht entdeckt sie die fünf noch rechtzeitig und kann ihnen ihre Taschenlampe wiedergeben. Franziska steckt sie in ihre Jackentasche und stapft

los. Der Weg wird immer steiler und holpriger. Sie ist so damit beschäftigt, nicht zu stolpern, dass sie gar nicht merkt, wie sich dunkle Wolken am Himmel türmen. Auf einmal tröpfelt es und schon eine Minute später prasselt es richtig los.

„Keine Angst, Arno!",

beruhigt Franziska ihren Hund.

„Das ist nur

ein kurzer Schauer."

Liebevoll streichelt sie Arno über den nassen Kopf. Aber im nächsten Augenblick gibt es einen lauten Donner. Arno jault auf und macht vor Schreck einen Satz. Jetzt hat Franziska auch Angst. Durch die dichte Regenwand kann sie kaum mehr etwas erkennen!

„Wo bist du, Arno?",

schreit Franziska.

„Wir müssen

nach Hause!"

Sie macht ein paar vor-
sichtige Schritte und tastet
nach ihrem Hund. Plötz-
lich rutscht sie mit dem
linken Fuß zur Seite weg.
Sie versucht noch, sich an einem Ast festzuhalten, aber der
ist zu glitschig. Franziska fällt.
Sie purzelt ein paar Meter berg-
ab und landet hart auf dem Hin-
tern. Zum Glück hat sie sich nicht richtig
wehgetan, aber ihr rechtes Handgelenk ist verstaucht.

„Arno", ruft Franziska,

„bist du noch da oben?"

Aber sie hört nichts als den prasselnden Regen. Arno muss vor Schreck weggelaufen sein. Franziska wischt sich die triefenden Haare aus der Stirn und tastet suchend um sich. Sie spürt nasses Laub und kalten Fels. An einer Stelle wölbt sich die Böschung nach innen. Eine Höhle! Franziska krabbelt hinein und kauert sich zusammen. Jetzt ist sie wenigstens vor dem Regen geschützt. Ein paarmal hört sie es noch in der Ferne grollen.

„Das Gewitter zieht vorbei",

denkt Franziska erleichtert.

„Aber wo steckt bloß Arno?"

Wenige Minuten später lässt der Regen nach. Schon bald dringen wieder Sonnenstrahlen durch die dunkle Wolkendecke. Franziska krabbelt aus ihrem Unterschlupf und blickt um sich. Sie ist in einer schmalen Schlucht gelandet. Zum Glück hat sie sich an keinem der schroffen Felsen verletzt, die an manchen Stellen aus der Böschung ragen. Die Höhle, in der sie Schutz gefunden hat, liegt versteckt unter einem Felsvorsprung.

„Wahrscheinlich kann man die Höhle

von oben gar nicht sehen",

überlegt Franziska.

Erst jetzt fällt ihr wieder die Taschenlampe in ihrer Jacke ein. Gut, dass sie die eingesteckt hat! Franziska zieht sie hervor und knipst sie an, um tiefer in die Höhle hineinzuleuchten. Aber erschrocken lässt sie sie sofort wieder fallen.

„Knochen", keucht Franziska,

und ihr wird ganz schwindelig.

„Alles voller Knochen!"

Ein kalter Schauer läuft ihr über den Rücken. Franziska will nur noch weg von hier. Sie versucht, die steile Böschung hochzuklettern, aber die nassen Steine und das Laub sind zu glatt und Franziskas Handgelenk tut weh. Immer wieder rutscht sie ab. Tränen schießen ihr in die Augen.

„Was, wenn ich es

nie mehr nach oben schaffe

und mich keiner findet?",

denkt sie verzweifelt.

Ängstlich schielt sie zu der unheimlichen Knochenhöhle. Doch dann kommt Franziska ein Gedanke. Sie wischt sich die Tränen ab und macht erneut ein paar zögerliche Schritte auf die Höhle zu. Mit zitternden Fingern hebt sie die Taschenlampe auf und leuchtet ein zweites Mal hinein.

„Solche riesigen Knochen und Zähne

hat kein normales Tier

und auch kein Mensch", denkt sie.

„Die gehören sicher einem –"

In diesem Moment hört Franziska Hundegebell und Stimmen. Erst sind die Geräusche noch leise, doch dann kommen sie rasch näher.

„Hilfe!",

schreit Franziska.

„Hier bin ich! Hilfe!"

Kurz darauf erscheint Arnos Schnauze am Rand der Böschung, dann tauchen der Reihe nach fünf Köpfe auf. „Die Forscher!", denkt Franziska erleichtert.
„Warte, wir holen dich rauf!", ruft die Frau aus dem Wohnwagen. Die anderen helfen ihr, sich zu Franziska abzuseilen. „Geht es dir gut?", fragt die Frau besorgt. „Dein Hund hat uns hergeführt und –"

„Ich glaube, ich habe

ein Dino-Skelett gefunden",

unterbricht Franziska

die Frau ganz aufgeregt.

„Da drüben!"

Die Frau starrt abwechselnd Franziska und die Höhle an, in die Franziska leuchtet. Dann werden ihre Augen riesengroß. „Leute, ihr glaubt nicht, was hier unten liegt!", schreit sie nach oben. „Das ist einfach unglaublich!"

Die Forscher ziehen Franziska mit einem Seil herauf. Einer von ihnen holt seinen Fotoapparat hervor und schießt ein Bild nach dem anderen von Franziska. Dann klettern alle der Reihe nach zur Höhle hinunter und beginnen mit der Bergung des Skeletts. Franziska würde am liebsten noch bleiben, aber die Frau bringt sie und Arno nach Hause.

„Darf ich

noch mal zurück

und zusehen?",

fragt Franziska

zu Hause ihre Mama.

Aber die schüttelt energisch den Kopf. „Nein, du hattest für heute wirklich genug Abenteuer", sagt sie bestimmt. „Morgen ist auch noch ein Tag. Wir stecken dich jetzt erst mal in die Badewanne und dann geht's ab ins Bett!"

Am Montag ist Franziska erkältet und kann nicht in die Schule. Dafür hat Papa eine Überraschung für sie. „Sieh mal", sagt er und drückt ihr die Zeitung in die Hand.

„Mädchen findet

Dinosaurier-Skelett",

liest Franziska stolz vor.

Unter der Überschrift ist ein Foto von ihr, Arno und den Forschern abgebildet. Außerdem natürlich noch eins von den Dino-Knochen in der Höhle.

„Bin ich jetzt berühmt?",

will Franziska wissen.

Papa nickt. „Das kann man wohl sagen. Aber, Franziska, du musst uns versprechen, nie wieder allein in die Berge zu gehen. Hast du verstanden?"

„Ja", murmelt Franziska kleinlaut.

„Tut mir echt leid, Papa."

„Na schön", sagt Papa und wuschelt ihr durch die Haare. „Übrigens: Eben hat Nelli angerufen. Sie fragt, ob du zu ihr kommen willst, wenn es dir besser geht. Sie würde gern Schatzsucher mit dir spielen."
Franziska strahlt vor Glück. Endlich eine neue Freundin zu haben ist noch besser als der Dinosaurier-Fund.

„Ich glaube, ich bin fast

schon wieder gesund!",

sagt sie.

Bevor Franziska zufrieden einschläft, setzt sich Lukas noch zu ihr ans Bett. „Also", brummt er, „wenn du magst, darfst du bei unserer Bande mitmachen."

„Wirklich?", fragt Franziska.

„Aber ich dachte, ihr wollt

keine Mädchen dabeihaben!"

„Das gilt bloß für die albernen, die immer kreischen und kichern", erklärt Lukas. „So eins bist du ja zum Glück nicht. Eigentlich bist du sogar ziemlich mutig. Und weißt du, was du noch bist?" Lukas grinst Franziska breit an. „Eine echt verrückte Schwester."

Der stärkere Dino gewinnt

Der kleine Triceratops Topsi wohnt mit seinen Eltern zwischen den Bäumen am großen Fluss. Dort ist es schön, aber viel spannender findet es Topsi drüben bei den Vulkanen. Da grollt und raucht es so herrlich. Manchmal gibt es sogar kleine Explosionen und es sprühen Funken. Aber dummerweise wohnt dort Familie T-Rex und die ist schrecklich gefährlich und gefräßig. Sogar Rexi hat schon fiese scharfe Zähne, dabei ist er noch ein Jungdino, genau wie Topsi.

„Los, lass uns heute

zu den Vulkanen gehen",

sagt Topsi eines Morgens zu Pelle.

Pelle ist ein kleiner Flugsaurier und Topsis bester Freund. Er hasst Vulkane und er hat Angst vor Feuer. Doch noch mehr fürchtet er sich vor Familie T-Rex. „Ich weiß genau, was du vorhast", krächzt er und schlägt aufgebracht mit den Flügeln. „Du willst Rexi ärgern. Irgendwann wird das ein böses Ende nehmen, das sage ich dir. Hast du gesehen, wie scharf seine Zähne inzwischen sind?"

„Ich will Rexi

doch gar nicht ärgern",

behauptet Topsi.

„Das ist mir viel zu langweilig.

Ich will nur ein bisschen grillen."

Topsi zeigt auf einen Berg Grünzeug, den er gesammelt hat: Blätter, Rinden und Ginkgofrüchte. Er liebt es, sie über die Flamme eines kleinen Vulkans zu halten, denn dann werden sie so schön knusprig.

Auch Pelle mag gegrilltes Grünzeug. „Na gut", sagt er. „Aber wir grillen ganz schnell und dann essen wir woanders, ja? Nicht in der Nähe dieser fleischfressenden Ungetüme."

„Du bist und bleibst

ein Angstdino, Pelle!"

Topsi stöhnt augenrollend.

„Ich laufe bestimmt nicht

vor Rexi davon!"

Die beiden machen sich auf den Weg. Während Pelle ängstlich um sich schaut, spießt Topsi das Grünzeug auf sein Nasenhorn und hält es über einen kleinen, dampfenden Vulkan. Plötzlich stupst Pelle Topsi mit dem Schnabel an. „D…d…da", bibbert er. „R…r…rexi!" Topsi blickt auf. Tatsächlich: Hinter einem Felsen lugt der T-Rex-Junge hervor. Seine Augen glühen angriffslustig.

„He, du Giftzwerg,

was gibt es da zu glotzen?",

ruft Topsi ihm frech zu.

„Du hast wohl nicht mehr alle Schuppen beieinander", zischt Pelle. „Hör auf, ihn zu reizen, und komm weg von hier! Sonst holt er sich sein Frühstück schneller, als du ‚Triceratops' buchstabieren kannst. Und ich weiß auch schon, wer das Frühstück sein wird. Nämlich wir! Siehst du, wie ihm das Wasser im Mund zusammenläuft?"

„Komm her und fang uns,

wenn du dich traust!",

schreit Topsi

zu Rexi hinüber.

„Na gut, du wolltest es ja nicht anders, du Grünzeugfresser", faucht Rexi jetzt und macht einen schnellen Satz auf Topsi und Pelle zu. Vor Schreck vergisst Pelle für einen Moment, mit den Flügeln zu schlagen. Er plumpst ein paar Meter nach unten und verbrennt sich seine Schwanzfedern an der Vulkanflamme. „Aua-aua-aua!", kreischt er und schießt wie eine Rakete in die Luft.

Rexi kugelt sich vor Lachen und hält sich den Bauch. „Mhmm, geröstete Flugsaurier sind mein Leibgericht", sagt er dann schmatzend.

„Pelle!",

ruft Topsi besorgt

zu dem Flugsaurier hinauf.

„Komm schnell

mit zum Fluss!

Dort kannst du dich abkühlen!"

Topsi rennt voran und sein Freund mit den verkohlten Schwanzfedern landet auf seinem Kopf. Dann geht es im Galopp zum Fluss.
Aus der Ferne hören die Freunde
noch immer das fiese Geläch-
ter von Rexi.
Pelle seufzt erleichtert auf,
als er seine Schwanzfedern
endlich in das kühle Was-
ser halten kann.

„So ein Mist!",

schimpft Topsi

aufgebracht.

„Dieses miese Frettchen hat uns

unsere Grillparty kaputtgemacht."

„Da hast du es!", brüllt Pelle. „Ich habe dich schon
oft genug gewarnt, aber du lachst mich ja jedes
Mal aus und nennst mich einen Feigling. Und was

jetzt, hä? Das Einzige, was gegrillt wurde, bin ich. Sieh dir meine schönen Schwanzfedern an. Ganz verkohlt!"

„Reg dich nicht auf, Pelle", sagt Topsi tröstend.
„Deine Federn wachsen nach. Außerdem werden wir uns an Rexi rächen, versprochen!"

Pelle schüttelt den Kopf. „Du lernst es wohl nie, was?", seufzt er matt. „Lass den T-Rex-Jungen in Ruhe und mach einen großen Bogen um die Vulkane, sonst wirst du eines Tages zwischen Rexis Zähnen hängen. Er gehört nun mal zu den stärksten und gefährlichsten Dinosauriern. Versteh das doch endlich, Topsi!"
Aber Topsi schüttelt störrisch den Kopf.

„Nein, ich bin genauso stark

wie Rexi!", ruft er bockig.

„Und ich kann, sooft ich will,

zu den Vulkanen!"

Dann dreht er sich um und stapft wutschnaubend davon.

In dieser Nacht träumt Topsi von einem wilden Kampf zwischen ihm und Rexi: Nachdem Topsi seinen Gegner stundenlang durchs ganze Dino-Tal gejagt hat, gibt Rexi irgendwann auf und Topsi wird König über die Vulkane.

„Wenn ich ihn doch jemals

wirklich besiegen könnte",

denkt Topsi

am nächsten Morgen traurig.

"Topsi, mein Kleiner, bist du etwa krank?", fragt Mama Triceratops ihren Jungen besorgt. "Du siehst so blass aus. Lass mich mal deine Stirnhörner fühlen. Hm, nein, Fieber hast du keins. Bedrückt dich etwas?"

"Warum kann ich nicht so stark und gefährlich sein wie ein Tyrannosaurus Rex?", fragt Topsi seufzend.

Mama Triceratops lacht. "Ach, Topsi, scharfe Zähne und Krallen sind doch nicht alles, was zählt. Weißt du, was dich wirklich unbesiegbar macht? Ein gutes Herz. Damit bist du stärker als jeder noch so gefährliche Dinosaurier."

"Das verstehe ich nicht", murmelt Topsi.
"Mit einem guten Herzen kann man doch nicht kämpfen!"

Topsi macht sich auf den Weg zu Pelle, aber der ist nicht zu Hause. Stimmt, er hat gestern erzählt, dass er einen Ausflug mit seinen Eltern macht.

Also streift Topsi allein durch den Wald, wetzt seine drei Hörner an einem Baumstumpf, planscht ein bisschen im Fluss und ... reißt die Augen auf. Das ist doch Rexis Spiegelbild im Wasser! Topsi schnellt herum.

„He, was willst du hier

in unserem Wald?", knurrt Topsi.

Rexis Augen werden zu zwei gelben, glühenden Schlitzen. Topsis Herz fängt heftig an zu pochen. Er springt aus dem Wasser und macht einen Schritt auf Rexi zu. Dann noch einen. Rexi macht keine Anstalten abzuhauen, aber Topsi will auch nicht weglaufen. Er ist ja kein Feigling und im Traum hat er Rexi schließlich auch besiegt.

„Hau lieber ab", sagt Topsi

mit drohender Stimme.

„Oder willst du etwa,

dass ich dich durchs ganze Dino-Tal jage?"

81

„G…g…genau! Hau l…l…lieber ab, sonst kriegst du eine Menge Ä…ä…ärger", krächzt da eine Stimme von oben. Pelle ist im Anflug. Topsi ist erleichtert, dass er nicht mehr allein ist. Irgendwie hat er plötzlich doch ein bisschen Angst vor Rexis scharfen Zähnen.
Aber – was ist denn jetzt los? Auf einmal duckt sich der T-Rex-Junge und zieht seinen langen Dino-Schwanz ein. „Ich wollte mir doch nur etwas zu fressen holen", sagt er kleinlaut. „Ich habe solchen Hunger!"

„Klar, wir wissen,

warum du hier bist",

sagt Topsi.

„Aber uns kriegst du nicht

als Mittagessen!"

„Nein, nein, euch will ich ja auch gar nicht. Ich ... ich mag in Wirklichkeit nämlich gar keine gerösteten Flugsaurier", stottert der T-Rex-Junge. „Auch keine anderen Fleischsorten. Ich fresse viel lieber Grünzeug. Deshalb habe ich mich hierhergeschlichen. Ich wollte mir ein paar Pflanzen holen."

„Was, du magst

gar kein Fleisch?",

flüstert Topsi verwundert.

„Ist das wirklich wahr?"

Rexi nickt und Tränen schießen in seine gelben Augen. „Ja, leider", schnieft er. „Und wenn das die anderen Dinos erfahren, werden sie mich auslachen. Wer hat schon Angst vor einem T-Rex, der Blätter frisst?"

Topsi betrachtet den aufgelösten T-Rex-Jungen. Seltsam. Mit einem Mal hat er gar keine Lust mehr, Rexi zu besiegen. Im Gegenteil: Er tut ihm jetzt richtig leid. Rexi sieht nämlich gar nicht mehr boshaft und gemein aus, sondern klein, harmlos und ängstlich.

„Keine Sorge, Rexi",

hört sich Topsi

plötzlich sagen.

„Wir werden

dein Geheimnis

niemandem verraten,

versprochen!"

„Wirklich?", fragt Rexi erstaunt und hebt seinen Kopf.
„Ja, wirklich?", fragt auch Pelle völlig verdattert und flattert nervös mit den Flügeln. „Aber jetzt könntest du ihm zeigen, wer der Stärkere von euch beiden ist. Darauf wartest du doch schon ewig, Topsi! Also los!"
Aber Topsi schüttelt den Kopf.

„Eigentlich

wollte ich ja nur

bei den Vulkanen spielen",

sagt er. „Weil es dort

so spannend ist."

84

Jetzt grinst Rexi so breit, dass seine scharfen Zähne blitzen. „Aber dann komm mich doch einfach besuchen", sagt er. „Sooft du willst. Und du natürlich auch, Pelle! Dann zeige ich euch, wie man so tut, als würde man Feuer spucken. Das macht irre Spaß, und alle denken dann, wir sind Drachen, und fürchten sich."

„Hört sich lustig an!",

jubelt Topsi.

„Und weißt du, was?

Pelle und ich bringen dir dafür

unsere besten Grillrezepte bei.

Die schmecken nämlich

dinomäßig gut!"

3

MIT BUNTEN SILBEN
LESEN LERNEN

Liebe Eltern,

in diesen Geschichten sind alle Wörter in farbig markierte Buchstabengruppen, die Sprechsilben, unterteilt. Durch die farbigen Markierungen der Silben ist es für Kinder viel leichter, die richtige Einteilung in geschriebenen Wörtern zu erkennen und den Sinn der Wörter zu begreifen. Auf diese Weise lernen sie schnell, flüssig und fehlerfrei zu lesen. So kommen auch weniger geübte Leser*innen schnell zu einem Erfolgserlebnis.

So macht das Lesenlernen Spaß!

Katja Reider

Dinosauriergeschichten

Illustriert von Eva Czerwenka

Ein Knochen zu viel

Heute ist die Klasse 2a im Museum.
In einer Dinosaurier-Ausstellung.

Staunend sehen sich die Kinder um.
Hier stehen ja riesige Skelette!
Und all die seltsamen Knochen
in den Schaukästen – toll!

„Denkt dran", warnt Frau Hempel.
„Ihr dürft nichts anfassen!
Am besten, ihr steckt eure Hände
in die Taschen."

Gern! Max grinst vor sich hin.
Er tastet nach dem Knochen
in seiner Hosentasche.

Den Knochen hat er
aus der Fleischerei.

Max hat ihn braun angemalt,
damit er schön alt aussieht.

Mit diesem Knochen
will sich Max rächen.
An Leon, dem Blödmann!

Leon ärgert Max, wo er nur kann.
Einfach so.
Aber jetzt hat Max einen Plan.
Einen Rache-Plan!

Gerade bestaunt Leon das Skelett
eines Tyrannosaurus.

„Wetten, du traust dich nicht,
es anzufassen?",
zischt Max ihm zu.
Leon grinst. „Wetten doch?"

Während sich Leon streckt,
um das Skelett des Dinosauriers
zu berühren,
holt Max den Knochen heraus.
Schnell legt er ihn auf das Podest.
Leon hat nichts bemerkt.

„War doch babyleicht!", tönt Leon.
Aber Max beachtet Leon nicht.

Er zeigt auf den Knochen
und ruft: „Mensch, guck mal:
Du hast das Skelett kaputt gemacht!"

„Waaas?!" Leon wird ganz blass.

Seine Lippen zittern.

„Aber ich hab es nur kurz berührt!

Bitte, Max, verrate mich nicht!"

Leons Augen füllen sich mit Tränen.

Jetzt ist Max selbst erschrocken.

Auweia, Leon ist echt in Panik!

So weit darf Rache nicht gehen!

Max holt tief Luft.

Dann erklärt er Leon alles.

„Aber warum machst du so was?",
fragt Leon.

„Kannst du dir das nicht denken?",
fragt Max zurück.
„Du warst oft voll fies zu mir!"

„Stimmt", gibt Leon verlegen zu.

„Aber jetzt sind wir quitt, oder?"

„Das sind wir!"

Max nickt grinsend

und reicht Leon die Hand.

(K)ein ganz normales Ei

Pia geht mit Mama über den Markt.
„Wir brauchen noch Eier",
sagt Mama.

Am Stand ist eine Schlange.
Endlich ist Mama an der Reihe.

„Nimm das große braune Ei dort!",
sagt Pia plötzlich.

Mama lacht. „Die sind
doch alle gleich, Schatz!"
Pia schüttelt den Kopf und sagt:
„Nein, das Ei ist anders!"

Mittags darf Mama Pias Ei
nicht für ihr Omelett nehmen.

„Was ist denn nur mit dem Ei?",
fragt Mama verwundert.
Aber das weiß Pia selbst nicht.

Abends legt Pia das Ei
auf ihre Fensterbank.
Dann schläft sie ein.

Nanu, was knackt denn da?
Plötzlich ist Pia hellwach.
Das Ei!! Das Ei geht auf!

Da, die Schale zerbricht!
Ein Köpfchen kommt zum Vorschein.

Pia stockt der Atem.
„B…bist d…du e…etwa ein …?"

Das Etwas nickt stolz.

„... ein echter Dinosaurier.

Keine Angst: Ich esse Pflanzen.

Hm, sieht der Farn lecker aus!"

„Bedien dich", sagt Pia lächelnd.

„Danke! Ich hab echt Kohldampf!"

Der Dino knabbert eifrig los.

„Draußen wächst ganz viel Farn",
sagt Pia und öffnet das Fenster.
Schnell schlüpft der Dino hinaus.

„Kommst du wieder?", fragt Pia.
Der Kleine kichert.
„Gern! Wenn ich dann noch
in dein Zimmer passe ..."

„Nanu, warum ist denn
dein Fenster offen?",
fragt Mama morgens verwundert.
„Und woher kommt die Eierschale?"

Pia schnappt nach Luft.
Dann hat sie den kleinen Dino
also doch nicht nur geträumt!

Pia zieht Mama auf ihr Bett.
„Setz dich mal lieber hin, Mama!
Ich muss dir etwas total
Verrücktes erzählen ...!"

Trixis Lieblingstier

Neugierig blickt Frau Paulsen
ihre Schüler an.
„Na, habt ihr euch alle überlegt,
welches Tier ihr gern wärt?"

Alle Kinder nicken eifrig.

„Am liebsten eine Katze!",
kräht Dennis.

„Du meinst, ein Kater",
verbessert Frau Paulsen.
„Nö", sagt Dennis. „Ich möchte
selbst Katzenbabys kriegen!"

Das versteht Frau Paulsen.
Alex wäre gern ein Adler.
Melina ein Schmetterling.
Und Pablo sein eigener Hund.

„Was möchtest du sein, Trixi?",
fragt Frau Paulsen.

„Ein Entenschnabel-Dinosaurier",
erklärt Trixi.

Jetzt prusten alle Kinder los.
„Ein Dino mit Entenschnabel –
so ein Quatsch!"

„Kein Quatsch!", ruft Trixi.
„Diese Dinos gab es wirklich!
Sie hatten kleine kurze Schnäbel
und über tausend Zähne im Mund!"

„Hu, das klingt aber gefährlich!",
sagt Frau Paulsen lachend.

Trixi schüttelt energisch den Kopf.
„Nö, die waren Pflanzenfresser
und haben sich ganz lieb
um ihre Jungen gekümmert.“

„Toll, Trixi!“, lobt Frau Paulsen.
„Woher weißt du das denn alles?“

„Von meiner Oma", erklärt Trixi.
„Die ist nämlich Pa...Palä...äh..."

„Paläontologin", hilft Frau Paulsen.
„So heißen die Leute, die
die Dinosaurierzeit erforschen."
Trixi nickt. „Ja, das tut Oma!"

„Dann soll deine Oma mal kommen
und uns was über Dinos erzählen",
schlägt Pablo vor.

Au ja! Alle sind begeistert.
Auch Frau Paulsen.
Und Trixi will ihre Oma fragen.

Da meldet sich Pablo noch mal.
„Ich bin echt froh, dass Trixi
kein Entenschnabel-Dino ist."
„Aha!" Frau Paulsen lächelt.

„Sonst wäre sie ja schon
ausgestorben",
flüstert Pablo
und wird ein bisschen rot.

Auf Fossilien-Jagd

„Hol schnell deine Jacke, Tobi!",
ruft Papa.
„Wir machen eine Zeitreise!"

Oh, das klingt aufregend!
Bald parkt Papa das Auto
und sie laufen zu Fuß weiter.

Der Weg führt steil nach oben.
„Wann sind wir endlich da?",
schnauft Tobi.

„Jetzt!", sagt Papa strahlend.
„Schau mal hier runter!
Aber vorsichtig!"

Tobi beugt sich nach vorn.
Nanu, was buddeln denn
all die Leute da unten herum?
Einige haben Schaufeln,
andere kleine Spitzhacken,
Bohrer oder Bürsten in der Hand.

119

Und was liegt da
halb verborgen im Sand?
Das ist ja ... ein Skelett!

„Die Überreste
eines Langhals-Sauriers",
sagt Papa. „Mehr als
hundert Millionen Jahre alt."

„Manno", seufzt Tobi.
„So was Aufregendes
möchte ich auch mal finden!"

Plötzlich hockt er am Boden.
„Guck mal, Papa!
Ist das ein Saurier-Zahn?"

Papa schüttelt den Kopf.
„Nein, das ist leider nur der Rest
von einem Plastik-Schnuller."

Tobi überlegt. „Vielleicht
versteinert der Schnuller ja mal
und zählt in Millionen Jahren
auch zu den Fossilien?"

Papa lacht. „Was meinst du,
kleiner Fossilien-Sucher:
Wollen wir darauf warten
oder jetzt lieber ein Eis essen?"

Was für eine Frage …

Franziska Gehm, 1974 geboren, lebt als Autorin und Übersetzerin mit ihrer Familie in München. Sie hat zahlreiche Kinder- und Jugendbücher veröffentlicht, die in viele Sprachen übersetzt wurden.

Annette Moser wurde 1978 in Hamburg geboren und arbeitete nach ihrem Studium mehrere Jahre als Lektorin in einem Kinder- und Jugendbuchverlag. Heute lebt sie mit ihrer Familie in Landshut und schreibt leidenschaftlich gern Kinderbücher.

Katja Reider arbeitete nach ihrem Studium als Pressesprecherin des Wettbewerbs *Jugend forscht*. Heute purzeln ihr ständig Geschichten und Reime aus dem Ärmel, die sie nur einzusammeln braucht. So hat sie schon zahlreiche Kinder- und Jugendbücher geschrieben, die in viele Sprachen übersetzt wurden. Mehr über die Autorin erfahrt ihr unter *www.KatjaReider.de*.

Alexander Bux, 1970 in Augsburg geboren, hat Grafikdesign mit den Hauptfächern Illustration und Typografie studiert. Jetzt lebt er mit seiner Familie in Hamburg und illustriert mit großer Freude Kinderbücher.

Helmut Poul Dohle ist freier Maler und Illustrator. Nachdem er jahrelang in einer Galerie gearbeitet hat, lebt er mittlerweile ausschließlich vom Malen. Die Welt der fantastischen Geschöpfe und Fabelwesen hat es ihm besonders angetan. Er wohnt mit seiner Familie in Münster.

Eva Czerwenka wurde 1965 in Straubing geboren. Nach dem Abitur studierte sie an der Münchner Kunstakademie Bildhauerei. Bereits während dieser Zeit entstanden ihre ersten Kinderbuchillustrationen. Wenn sie gerade mal nicht vor dem Zeichentisch sitzt, formt sie am liebsten Tiere aus Ton.

Quellenverzeichnis

S. 9–37
Franziska Gehm: *Bildermaus – Nur Mut, kleiner Dino!*,
farbig illustriert von Alexander Bux.
© 2013 Loewe Verlag GmbH, Bindlach

S. 39–85
Annette Moser: *Ich für dich, du für mich – Dinosauriergeschichten*,
farbig illustriert von Helmut Poul Dohle.
© 2014 Loewe Verlag GmbH, Bindlach

S. 87–123
Katja Reider: *Lesetiger – Dinosauriergeschichten*,
farbig illustriert von Eva Czerwenka.
© 2006, 2012 Loewe Verlag GmbH, Bindlach

FSC
www.fsc.org
MIX
Papier aus ver-
antwortungsvollen
Quellen
FSC® C018236

Klimaneutral
Druckprodukt
ClimatePartner.com/18521-2202-1001

ISBN 978-3-7432-1293-0
2. Auflage 2022
© 2022 Loewe Verlag GmbH, Bühlstraße 4, D-95463 Bindlach
Dieser Titel enthält die z. T. bearbeiteten Einzeltitel
Bildermaus – Nur Mut, kleiner Dino!,
Ich für dich, du für mich – Dinosauriergeschichten
und *Lesetiger – Dinosauriergeschichten*
© 2006–2014 Loewe Verlag GmbH, Bühlstraße 4, D-95463 Bindlach
Umschlagillustration: Tobias Goldschalt
Umschlaggestaltung: Johanna Mühlbauer
Printed in the the EU

www.loewe-verlag.de